Flyktingens syn

av

A.B. Andersson

© 2012 Hasselkvist, J.O; Hasselkvist, Solveig
Förlag och tryck: BoD
ISBN: 978-91-7463-294-1

Inledning

Sommaren 2012 bokdebuterade diktaren A.B. Anderssons, med samlingen "Flyktingens syn". Detta var första gången någonsin som några av hans dikter gavs ut i tryck – över femtio år efter hans död. Samlingen fick oväntat bra uppmärksamhet, främst då i trakten runt Barva och Sörmland. För att fira denna oväntade succé så har vi valt att satsa på en engelsk utgåva av boken.

I denna utgåva av boken (som självklart även getts i denna svenska motsvarighet), så har ett reviderat förord, ytterligare en dikt och en mer genomarbetad typografi tillkommit.

Förord

En eftermiddag i september för några år sedan
tilldelades jag en bunt handskrivna papper av min
farmor. I dessa gamla gulnade papper fanns till större
delen vackra dikter. Farmor berättade för mig att det var
hennes farfar, August Bernhard Andersson, som skrivit
dessa. Solveig, som min farmor heter (även
medutgivare av samlingen du håller i din hand), hade
bevarat dikterna för oss efterkommande släktingar att ta
del av.

August Bernhard Andersson (f. 1877, d. 1961) var
lantbrukare till yrket, och var så fram tills mitten av 50-
talet, då en av sönerna tog över gården vid Barva
socken, nära Eskilstuna. Gården har emellertid legat i
samma släkt ända sedan mitten av 1600-talet.
   I praktiken var det dock inte August själv som skötte
gården. Det var främst hans söner som skötte
lantbruket. Den verksamhet som A.B. Andersson själv
främst skulle komma att bli ihågkommen för var av i
synnerhet kommunal, men också av religiös karaktär.
Han var även mycket verksam inom nykterhetsrörelsen.
Han var aktiv i ett flertal föreningar, där han bland
annat satt som ledamot i kommunalnämnden, samt som
kassör för Folkpartiets lokala avdelning. Han var
ordförande i Nykterhetsnämnden, samt medlem av
Barva Blåbandsförening (nykterhetsförbund). Han satt
många år i kyrkofullmäktige och i kyrkorådet,

4

femtiofem år som ledamot för Barva Hästförsäkringsförening, och i tjugufem år som sekreterare för Barva fruktodlarförening, för vilket han tilldelades Patriotiska Sällskapets silvermedalj för sina insatser inom trädgårdsodlingen. I synnerhet det sistnämnda var något han fick stor erkännande för i orten:

> "Slutligen hör det till saken, att hr Anderssons protokoll höra till de bättre i den rika floran av dylika 'tjänsteskrivelser'. Det är en entusiast och ständigt handlingsvillig man som fört pennan".

Dessa fina ord är ett utdrag ur en artikel som publicerades i Eskilstunakuriren strax efter att han tilldelats sagda medalj[1]. Raderna säger inte bara något om de sysselsättningar som A.B. Andersson blev känd för under sin levnad: många av hans sysselsättningar skulle senare återkomma i form av motiv och teman i hans dikter.

Solveig beskrev honom som en vänlig, kärleksfull man med sinne för humor – något som även flera av hans egna dikter vittnar om. Många av de stycken som på senare tid har återfunnits vittnar om en man som å ena sidan hyste en stark tillgivenhet till sina vänner och sin familj, men som å andra sidan inte drog sig för att med humorns hjälp beskriva de sina.

Han var ofta mycket välklädd, och visade med glädje upp nya kostymer. Under sin livstid var hans stora

---

[1] Eskilstunakuriren, 2/12-1943, artikelförfattare ej angiven

passion lyrik och prosa.

August Bernhard Andersson dog den 3 januari 1961, och begravdes vid Barva kyrka. Han blev 84 år gammal.

August Bernhard Andersson

Efter hans död blev dikterna liggande, bevarade hos Solveig. Förutom en renskrivning för hand under mitten av 50-talet så har dikterna till stor del blivit liggandes olästa, fram till nyligen.

När jag fick dikterna (det var hösten 2006) åkte de in i en pärm, som i sin tur åkte upp på en hylla. Där blev de återigen mer eller mindre bortglömda. Efter några års tid och flertalet flyttar återfann jag pärmen. Jag bläddrade igenom de gulnade papprena, och det jag kunde läsa av den föråldrade skrivstilen var vackra dikter, sonetter och vistexter. Språket var prunkande och färggrant. Innehållet var av en djup och grubblande natur, med fokus på människor, levnadsöden, strävsamhet, arbete, renlevnad, andlighet och tro. Ibland fanns där också ett budskap eller ett visdomens ord. I synnerhet återkommande var varningar för dryckenskapens fällor.

Tillsammans med Solveig har jag under några dagars tid renskrivit dessa texter och bearbetat dem i bokform. Vårt gemensamma mål har varit att ge ut dikterna i tryck. Det har varit ett mycket roligt samarbete för oss båda. Men jag vill även gärna intala mig att det vore att göra A.B. Andersson rättvisa; det här är så mycket mer än bara en klenod, en skatt från förra sekelskiftet och som nu kommit i dagen. Det är arvslotten av en poet som aldrig fick den uppskattning han förtjänade medan han fortfarande levde. Förhoppningsvis kanske du köper boken (eller lånar den från biblioteket för den delen), läser och tycker om den.

A. B. Andersson hann skriva många dikter under sin levnadstid, men just i denna bok återfinns enbart ett mindre urval. En del av dikterna har försvunnit under åren (de flesta dikterna skrevs ju under slutet av 1800-talet!). Andra dikter har valts bort av privata skäl. Ingenting av innehållet i dikterna har ändrats. Några få ändringar har gjorts i dikternas inbördes typografi på ett par ställen, men enbart där så verkligen har behövts. Även kommentarer och reflektioner av författaren fanns bland papperen, och dessa har vi självklart inkluderat i samlingen. Vi tyckte att det skulle kunna vara spännande för läsaren att få ta del av.

Titeln till boken är densamma som en av dikterna. Jag tyckte att det var en mycket fin dikt, med en titel passande bokens innehåll i sin helhet. Om du kan hålla dig till tåls, så vill jag ta tillfället i akt att avsluta förordet med några ord om dikten.

Lyrik är ett av de konstgrepp som är mest öppet för tolkningar. "Flykting" kan i det här fallet tolkas på flera olika sätt. En högst personlig tolkning är "det flyktiga"; det förgängliga och obeständiga. Blomman i dikten blir en symbol för just det, och vad som finns kvar hos betraktaren – i detta fall diktens protagonist – är ett minne och en tanke av det han har sett. Något har glidit honom ur händerna! Det är några av de känslor som August Bernhard Andersson ofta återkommer till. Känslan av förgänglighet och flyktighet finns ständigt närvarande. Solen som går upp och ned; livet och döden; skörden och årstiderna, och inte minst - synden och högmodet som övergår i renhet. Om allt som sitt eget öde har.

Men tiden leder ödet framför alla
Nog hoppets vissna lilja kan bli grön

säger August, och fångar därmed andemeningen av hela samlingen.

J.O. Hasselkvist
Örebro, 27 juni 2012 // Borås, 2013

Tack!

Inför publiceringen av samlingen "Flyktingens syn" har vi haft korrespondens med Barva hembygdsförening, Ewa Gustafsson vid Kafjärdens församling samt släktingar som ännu idag bor kvar i socknen. Ni har allesammans varit till stor hjälp. Tusen tack!

Tack också till Stefan Eriksson, som gjort omslaget.

Utgivarna

Ett inspirationspoem

Den ensam går i stilla aftonstunden
ser sig framför sig så mången framtidsdröm
Och tanken den vid alltså fast är bunden
allvarligt verkas i vår tankeström

Hur underbart är icke allt som finnes
Om blott vi se allt i det rätta ljus
Hur allt har växlat blott den tid vi minnes
Framåt det går ej fruktas stormens brus

Hvi! mången suckar allt på mig ska falla
Så mången gäckad hägringsmantel skön
Men tiden leder ödet framför alla
Nog hoppets vissna lilja kan bli grön

Och spira upp mot skyn sin fagra stängel
För vinden böja blott sin huvudknopp
Och sprida doft, bli härlig som en ängel
Så kan det ske av denna tidens lopp

Skall emot mig ock le en fager lilja
Vars ögons strålar fyller mig med fröjd
De underbara blickar som sig skilja
Ifrån allt svekfullt och gör tanken nöjd

Ej kan väl ödet mot mig spiran sträcka
Så obarmhärtig att ej någon fläkt
Mig här skall nå och mot mig famnen räcka
Förrän att livets gnista bliver släkt

Du underbara stig som alla leder
Förutan stängsel ledes alla fram
Om hinder möta för att allt så neder
De komma alltid alla uppå skam

När stundar tiden då upprinner vila
För den som strödda tankar tecknat här
Ej kan den tanken hindras som vill ila
Till den som mest av allt han håller kär

Människans rätt (rösträttssång)[2]

Då människan till fri natur
Är gjord av den som skapat
all världen så och tidens ur
Och så har några skrapat
I sina fickor mer än de
för alltid här kan göra me'
Är detta ej stor orätt

I usla stopt som makten ha
Om hand allt den förvalta
Ej blygas snart sagt att brödet ta
Från blinda som från halta
Men nog den dag se få skall
Då makten få ett snöpligt fall
Om ni den får uppleva

---

1. Förf. anm: "I Eskilstuna-Kuriren var för många år sedan ett poem
infört med rubrik 'Rättvisan'.
Då tänkte jag såhär:
    - Jag borde försöka skriva en dikt med samma tankar.
Och så blev det som det blev."

För ty så sant som sol går ner
Om aftonen i väster
Det och så fort upplysning sker
I vart förnuft sig fäster
Den tänker jag ej är ett ting
Att kastas här på jorden kring
Och lyda blott kommando

Då här för eder icke går
Upplysningen att hämma
Tänk aldrig att gehör ni får
Här för en orätt stämma
Ni lagar stiftar för allt folk
Som kringgås kan av slängder tolk
Så att det orätt bliver

Till domare kan här bli satt
En man som icke tyder
rättvisan bättre än en katt
När den sitt rov här kniper
Den fattige blir ofta dömd
Hans röst i glömskan bliver gömd
Blott bra den rike mutar

Den fattige som ej har stöd
Att uppehålla livet
Om han här tar till två tre bröd
Från den som riker blivit
Han straffas då till fängelse
Hans ära sin förgängelse
Har sett för alla tider

Men tar en utav högre stam
Ifall han kommer över
Mång tusen är det inte skam
Om sedan han behöver
Att släkt och vänner gottgör allt
Tyst med det samma blir befallt
Det kallas blott försnillning

Vem hjälpa kan om av rik börd
Man icke blivit födder
Det är ju utav arbetsskörd
Den rike blivit gödder
Och därför äran den ha skall
Ja, alltid och i alla fall
Den som alltid arbetar

Några ord om världsalltet[3]

Nu börjar synas på österns rand
Den dags ljus vi ej ha skåda
Den sol som upplyser alla land
Sin ankomst nu vill bebåda
Snart liv och rörelse inom kort
Blir där sitt sken hon befäster
Tills kvällen kommer då hon går bort
Och sänker ned sig i väster

Ty tidens ur det står aldrig still
Och solens gång ej kan hämmas
För världslig makt hör det icke till
Tidsurets gång ej kan dämmas
Naturens allt har sin jämna gång

---

[3] **Förf. anm:** "Var så att jag fick följa med min Far till Eskilstuna, åkte i god tid. När vi kom bort åt Svista och Kvinnersta intill Eskilstuna kom jag att se på soluppgången. Tänkte på den praktfulla syn som man därvid får uppleva. Detta var nog omkring 1892. Trots att jag var blott omkring 15 år hoppa jag på den tanken att orda något om världsalltet, vilket jag sedan när jag kom hem skrev upp. Har tänkt många gånger så underligt här kan hända. Jag är ju född 9 maj 1877!"

16

Trygg är den i alla skiften
Ty människans larm ej dess stig gör trång
Blott myllas den under griften

O, människa! Tänk på vad du är
Ett ting som blott trampar jorden
Nu eftertänk vad naturen lär
Och du skall finna de orden
Jag är ett intet jag ej förstår
Det världsallt som existerar
När tankegången ej klarhet får
får tron ta vid vad som felas

Se uppå marken bland växters värld
Allt genom fortplantning ökas
Se på allt köttsligt du blir då lärd
Att samma sak finns att sökas
Men hur från början det kommit till
Ja, där förståndet ej räcker
Hur du än tänka och granska vill
Så hjärnan sig icke sträcker

Du finner blott att ett under skett
av onaturlig förmåga
Och genom den det därhän har lett
Att allt har fått sitt livs låga
allting sin uppgift uträtta skall

Därför du icke skall vara
här lättjefull utan gör ditt kall
Och livets värde förklara

Du vet att jorden i luften far
Men varpå är det tron hänger
Därom du ej får din tanke klar
Du säger nog att hon svänger
uppå sin axel, men var den är
fastgjord är värre förklara
För det förstånd som vi alla bär
Är detta ej uppenbara

Se upp mot himlen, du finner då
Mång stjärnor som ej kan räknas
Och månen haver sin plats också
Allt detta ljus ej förbleknas
Av tidens tand och stormars brus
Ty det är allt så fullkomligt
Det är ej så som det enkla ljus
Varom vi mänskor har omsikt

All storsinthet, den förblekna skall
Om vi på världsalltet tänker
Och inom kort är vår levnad all
Och graven den då oss skänker
Den sista vilan uti sin famn

Kanske oss någon begråter
Vi har då seglat in i en hamn
Till jord vi så varda åter

Flyktingens syn

Vad såg mitt öga då genom lunden
Jag kom till skranket och stod som bunden
Jo, blott en blomma, så ren och skär
Kanhända den ännu finnes där
För mig att skåda

Den stund i livet jag aldrig glömmer
Ett ögonblick som mitt minne gömmer
Om än min färd uppå stigen går
Om än min farkost mot klippan slår
Ej minnet sviktar

Jag tänkte att härligt om jag dig ägde
Du allt på jorden för mig uppvägde
Men att framträda och fatta den
Jag icke kunde, jag klart minns än
Hur modet svek mig

Jag tänkte stå där du glädje sprider
Det gör detsamma hur än jag lider
Ty snart kan sluta också min färd
O nej! Jag är icke värd
dig se och äga

Om vinden blomman mot jorden böjer
Strax mästarhanden den åter höjer
Den mästarn allting försaka kan
En hjälte större än någon an
Han livet vågat

Men skulle någon en gång få säga
Jag glad och lycklig är att dig äga
Då är min önskan, att båda få
I samma trädgård för evigt stå
Och glädje sprida

Det vilsegångna barnet

Och om jag kände den stigen rätta
Som kunde leda mig vägen hem
Jag ej då skulle mig nedersätta
Fast matthet härskar i varje lem
Ty far och mor nu de hemma gråter
De icke vet vilken lott jag fått
De känna ej om skall komma åter
Det barn som vilse i skogen gått

Då jag på morgon från hemmet vandra
Min tanke var blott att plocka bär
Jag nu erfarit som många andra
att hemmets hydda, den är så kär
Min svaga kropp utav rädsla skälver
O, om det vilddjur i skogen finns!
Snart mörkrets famn nu den mig omvälver
Därför en skrämt mig jag detta minns

Här bredvid furan jag skall mig vila
O, fader, moder, till mig nu kom
Jag tror jag söker till eder ila
Nu med detsamma jag vänder om
Här är så ensligt, jag tror jag fryser
Vad är som jag uppå himlen ser

En liten stjärna, så klart hon lyser
Så skönt hon tindrar, så milt hon ler

Ja, så jag tror ett sig föreställer
Det barn som ensamt i skogen är
Men snart så ögat det sig hopfäller
Och barnet njuter en sömn så kär
Och tycker sig uti drömmen vara
Så övergiven i denna stund
Och sen framför sig så mången fara
Som ej kan komma att äga grund

Liksom och barnet föreställde
När som det saknas vid hemmets härd
att modersögat det tårar fällde
Och båda gå de ut på den färd
som de tro nu skall dem återgiva
Det barn som irrat på villsam stråt
Och när det ser sig bortvillat bliva
Kanhända faller i ångrens gråt

Rätt som de söker de synes stanna
Jag tror jag hörde en snyftnings ljud
O, om nu ville snart sig besanna
att detta ljud var ett förebud
Än några steg, och det tydligt höres
Se, under trädet vi finner här

det som vi söker, och snart så föres
mot hem den vilsne som fadern bär

Stor glädje bliver när hem de hinna
En eftertanke ock blev uppväckt
Så att därav tycktes alla finna
att kärleksglöden ej kan bli släckt
Så av den färden blev blott stor nytta
Därav uppbyggelse de och fick
Ibland olyckor i lyckan bytta
är blott en fördel, så här det gick

Här till ett barn skall man aldrig säga
att något farligt i världen finns
Det med sig själv börjar överväga
Och är det ensamt så allt det minns
I stället nedlägg uti dess sinne
att frid blott råder, det bättre är
Så att det haver blott det i minne
Om någon gång det på villo bär

Om kärlekens värde[4]

Den fagra tärnan skön och huld
som uppå jorden är
Är mera värd än gods och guld
för den som har den här
Ej rikedom du söka skall
Den kan så snart ju bli ditt fall

Den rikedom har till sin Gud
Han är ej värd att få
En maka vilkens stämmas ljud
kan till hans öron nå
Jag säger sant, jag tror förvisst
att han den sanna friden mist

Den som i saken tänker nått
Han finner snart de ord
Som säga kan på vilket sätt
Sann fröjd finns till på jord
Fullt skildra det ej tjänar till

4

Förf. anm: "Motivet till denna dikt var att en grannpojke till
mig tog drängplats i en grannsocken. Han ogillade storligen
ungdomens sätt att uppföra sig, då den var samlad till något
nöje. Var nämligen så att söner och döttrar samlade sig i en
grupp, och drängar och pigor fick bli i en grupp för sig!"

Det vet envar om blott han vill

Ej finns en sak i denna värld
som dödar själen så
Som rikedom och lyx och flärd
Därvid jag fast kan stå
Behöver du ej lida nöd
Förbliv då glad intill din död

Jag dig uppmana icke vill
att tänka nu som så
att spara icke tjänar till
Här skall det undan gå
Ty detta är ej heller nått
på allt en praktisk regel sått

Jag haver många hört som sagt
att den som denna får
Blir lycklig rik får därmed makt
För honom lyckan står
Det är så lågt, så nedrigt tänkt
Jag ej med ord får här det sänkt

Ej sällhet finnes inom hus
det är ju uppenbart
Om det ej finns ett kärleksljus
som alltid brinner klart

Ty tillfredsställd den endast är
som mest av allt har makan kär

Här mången klagar för var dag
Han ej som andra har
så det för honom blir en lag
som gärna dröjer kvar
Den vanan kan bli mycket svår
Ty fröjd i avund ingen får

Jag nu ett råd dig giva vill
att finner du en vän
som du stor kärlek haver till
Försök då att få den
Tänk blott behagat till person
Är mera värt än kungatron

Intyga det ju ingen kan
Att rättvist här är ställt
Stor orätt finns, jag tror minsann
På skattens vida fält

Men det är blott för detta liv
I graven blir därom ej kiv
Det mången finns som icke ser
Att han på skatten bär

Att rikedom mot honom ler
Det så naturligt är
Är ej din syn, din fot, din hand
För dig mer värt än många land

Har du ej högre tankegång
Än blott för girighet
Då tror jag tiden bliver lång
I sanning tror jag det
Ty girighet en rot ju är
Här till allt ont ett ordspråk lär

Varför jag skrivit detta är
Därför det hänt ibland
Då en del väljer sig en kär
Har rikedom till band
Men hör, sätt kärlek framför allt
Finns den ej till är allting kallt

Skeppsgossen[5]

Vid hamn ett skepp på böljans synes gunga
Med mast så stolt som trotsa vill all storm
Så den bland linor eget höres sjunga
En sång som har respekt uti sin form

Kapten ombord såhär han höres säga
Idag, matroser, ni avlöning få
Så ut i staden, då ni mynt nu äga
sök glädje som till gagn er lända må

Från skeppet de nu sina steg syns ställa
En gosse är ock med i detta led
Men vilket mål skall stegen först nu gälla?
Jo, krogen; mången haver det för sed

Matroserna de tyckes sig förnöja
vid glasens klang, men gossen stå så blyg
Han tänker supning ej kan glädjen höja
Men uppå sorger är den alltid dryg

---

[5] **Förf. anm:** "Denna händelse ur livet fick jag från ett
nykterhetsföredrag för många år sedan.
Talanden försäkrade att händelsen var sanning. Tänkte då:
– Det där var så bra så det kan vara värt att anteckna.
När jag kom hem skrev jag hop detta poem som ett minne!"

Tag nu ett glas, min gosse, skall du finna
att du blir glader, munter och förnöjd
Så säger en matros, därvid syns rinna
ur glaset det som rövar bort all fröjd

Nej, aldrig aldrig detta mig skall hända
Så säger gossen och hans ord stå fast
De söka då på alla sätt sig vända
så inte gossen skall stå trygg sitt kast

Till sist de vill att gossen skall förklara
Hur det kommer sig att han icke vill
en droppe hava av den goda vara
som bäst är av allting som finns till

Och gossen börjar nu för alla skildra
Sin barndomstavla både mörk och ljus
Ett tal han höll som alla så förmildra
Att strejk blev emot rusdrycksflodens brus

Uti mitt hem där rådde fröjd och lycka
Och glädjen alltid var vår gäst så kär
Blott sällhet fanns och ingen nöd sågs rycka
bort det som bäst av allt på jorden är

Stor rikedom och överflöd fanns icke
Men kärlek fanns inom vårt enkla bo
Och nog den skatt förutan den ej gick
så mångens stig där rosor synes gro

Men dagen kom skulle lyckan vända
Ifrån mitt hem som var min trygga borg
Så lades grunden till det som kan sända
Till månget hem en fasans nöd och sorg

Min fader denna dag besökte krogen
Och tiden gick och inom kort han var
En kund som städse satt där bunden, trogen
En drinkare som blev i snaran kvar

Min moder mången natt vid fönstret vänta
Med tårfyllt öga, matta anletsdrag
Tills sent omsider det i dörren glänta
Min fader hemkom, det blev hugg och slag

Han alla slantar uppå krogen lade
Men det ej räckte till begärets krav
Och när till sist ej penningar han hade
Han pantar bort vårt bo; han var en slav

En natt som vanligt syns min moder sitta
och väntar den som lovat bli ett stö'
Men ej han kom, hur än hon satt och titta
Allt hopp tycks krogen blott för vinden strö

Fram emot morgonen, o! kan ni tänka!
Hem bars min fader, men han var ett lik
Han druckit så sitt liv han fått bortskänka
Och hör nu alla, från den stigen vik

Min moders tårar flöt i strida strömmar
Vi små oss jämrade i denna nöd
Tänk vilket mål min moders framtidsdrömmar
O, ve den dryck som skuld var till den död

En dyster stämning rådde bland oss alla
Min ålder några år, men äldst ändå
Uti min moders tanke syns infalla
att hon i denna stund och skydda må

Till mig hon sade, vill du heligt lova
vad jag i denna stund nu fordra skall
Jag svar' ja, hon då förbjöd den gåva
som sänkt min fader uti graven kall

Jag svor en ed, vid allt som heligt finns
att aldrig smaka denna fasans dryck
Varandras hand vi fatta, så jag minnes
Då över liket ej ett nöjes nyck

Tro aldrig att jag detta löfte sviker
som jag då gav bredvid min faders lik
Ty glädjens sol ifrån min stig då viker
Jag trotsar er, på falskhet är ni rik

Nu den matros som önskat mest av alla
att gossen han ett glas och skulle ta
Han säger, du i snaran ej skall falla
Stå vid ditt löfte, det var utmärkt bra

Jag skall nu skaffa papper för att skriva
förbindelse att jag från denna dag
mitt superi ej mera skall bedriva
Kung Alkohol skall lida nederlag

Han skrev en skrift, sitt namn han tecknar under
Och bäst av allt var det att om en stund
Matroserna som var krogens kunder
med namnets teckning kom på nykter grund

När sedan de till skeppet återvända
Förvånad blev kapten, allt ej förstår
Alltredan här hur kan sig detta hända
att nyktra, tysta, städat alla går

Matrosen som anförare har varit
Går fram, berättar hur allt tillgått
Att gossens ord så med i hjärtat farit
Att de från rusdrycken sin frihet fått

Kaptenen säger, får jag skriften skåda
Så om en stund han skriver dit sitt namn
Och nu ombord fick gossens lärdom råda
att bäst är alltid nykterhetens hamn

Ni hört hur gossens karaktär fick rycka
dem alla ur den hemska rusdrycksflod
Den som står fast skall njuta segerns lycka
Må vi stå fast, som denna gosse stod

Något om våren, m.m

Då vårsolen blickar så varmt ned till jorden
Naturen uppväckes från slumrande id
Från höjden och dalar hörs ljuda de orden
Välkommen, välkommen, nu stundar den tid
Då allt sig på jorden kan fröjda
Åt livet, en ovärderlig skatt
I som för det högre är böjda
Se till om hos eder är natt

Ej finnes på jorden väl något som gläder
En ung som då våren nalkas sitt lopp
Då finns mång hägring som plats sig bereder
På valvet som bildar ett framtidens hopp
Och tanken, den stiger mot höjden
Och luftslott den bygger så mång
I bröstet det sväller av fröjden
Att slut är på vintern, så lång

Båd yngling och tärna, det ofta nog händer
En kär vän kan finna när marken är grön
Man inskränkt sig kände men vårsol allt vänder
Nytt liv det som slumrat och tiden är skön
Och liljorna vaggar för vinden
Så ödmjukt de böja sig ned
Fast de fått sin plats under linden
De hör dock till växternas led

Hur skönt att om sommaren lycklig få vandra
Med vännen igenom en grönskande dal
Och därvid få språka så kärt med varandra
Och höra på kvittret i fåglarnas sal
Det är som naturen hörs tala
Och viska båd glädje och hopp
Och glad höres göken ock gala
Högt uppe från trädkronans topp

Hur skönt om för det blommar ett Eden
Blott praktfullt vid solstrålars böljande svall
Och ljugen den ljuva syns blomma på heden
I ögat ej finnes en tanke på fall
O, må vi alla få njuta
Av doften från blommornas borg
Och även i själen medljuta
Dess tanke hos oss finns ej sorg

Naturen är nyckfull, det mången nog finner
Den spelat så ofta en roll blott av svek
Där lyckan syns skymta den ofta försvinner
Försvaret det framstår med oskuld så vek
Ja, rosorna alla förblekna
I världsalltet är så befallt
Därför vi skall alla beräkna
Förgängligt på jorden är allt

Så hastigt, så fort, blomstertiden förrinner
Den ilar framåt, ej ett hinder finns till
När blomstren syns falla all fägring försvinner
Och hägringens täckmantel allt skydda vill
Men värdet det mesta står åter
När fälten syns mogna till skörd
Glad skördarn allt avmeja låter
Och den så i ladan blir förd

En skörd det ock finns som vi ej känner tiden
När den skall insamlas blott skördarn så vill
Vi vet blott med den dag i dag är förliden
En mindre det är, tills den tänker stå still
I boningen som är av mylla
Av årstid ej skörden beror
Den som kan de boningar fylla
Alltid högsta tronen bebor

Om högmod

För midsommardagen till Lindholm jag var
O, ni kan aldrig tänka en sådan finer karl
På logen där sprätte liksom en trefotad stol
Han trodde nog att han var en jungfrulig sol

Ja, svårt var att skåda hans människogestalt
Ty högmodet grasserade i kroppen överallt
Min tanke ej kunde vila, jag tänkt till mig de ord
Du vet ej hur länge du får yvas här på jord

Vad lönar det mödan, yvs ej över din kropp
Den skall snart vara bräcklig av denna tidens lopp
Har du ej hört de orden att högmod går före fall
Det jag önskar till Herren i fullbordan gå skall

Om någon vill veta hurdana kläder han bar
Så gråa de var till färgen, som så många nog har
Jag ej vidare kan intyga var han var ifrån för trakt
Än att högmodet så väldigt med den stackarn fått makt

Men om det skulle hända att han visan höra får
Jag hoppas då att han sedan aktar sig då han går
På något nöje och ej uppför sig som han gjorde då
I annat fall han ej kan tänka att ogenerat få gå

Men hör ni alla vänner, som i mitt sällskap är

O! ni kan aldrig tänka vad jag håller eder kär

Det är ej till eder som jag riktat dessa ord

Det är till den som är högmodig här på vår jord

Diverse tankar
(barnatro)

Vår verksamhet för det gångna året
Ej stora segrar kan visa fram
Dock något gjorts för att målet vinna
Men har vi alla gjort vad vi kan
Det är en fråga att ha i minne
Den överväg och vi snart skall finna
Att vi nog envar skall ha till svar
Ack, jag för slapp uti striden var

Ja, fel och brister det ha vi alla
Fullkomlighet ej på jorden finns
Dock finns mycket som nog kan ändras
Förstå mig rätt hur det målet vinns
Igenom ljuset som alla lyser
Och genom källan som aldrig fryser
Det ljuset lyser till livets höst
Den källan släcker all själens törst

Inom förening skall endräkt råda
En syskonring som har samma mål
Ej heller något förtal skall finnas
Men ha en vilja av äkta stål

Samt blicken stadigt på målet rikta
Då under bördan vi ej skall svikta
Snart för vårt arbete lön vi få
Det finns väl ingen som tvivlar på

Om vi så gå från det materiella
Med blicken riktad mot högre rymd
Vad skall vi tänka, vad skall vi säga
Vad skall vi svara, är tanken skymd
Ja, kanske ofta virrigt bliver
Man fantiserar, man allt beskriver
Men fast man flitigt nog stavar på
Så kan man allting ej helt förstå

Man tänker så skulle det ej vara
På detta sättet det vore bra
Förnuftet tycker sig vara duktigt
Men korta strået får det nog dra
På alla varför ej svar det finnes
Och tankens klarhet, ack den försvinner
Så slutar alltid för den som så
Guds stora under vill helt förstå

Då det ej går att allting begripa
Då ej förståndet kan klarhet få
På allt som tanken detsamma spörjer
Vart skall man fly, ja vart ska man gå

Jo, enkelt medel man blott använder
Och med detsamma ett under händer
Vad kan det vara för medel, jo
att alltid hava en barnslig tro

En syndares själsstrider[6]

Jag pennan fattar i handen, trogen
Att söka skildra så gott jag kan
Den strid jag utstå fick tills fullt mogen
För Gud jag blev, men frid dock fann
Nog fel och brister det många bliva
Men för mig syns som befallt det är
Jag dessa rader här skall nedskriva
För att bekänna min Jesus kär

Jag om min barndom ej mycket säger
Ty den tid känna vi en och hvar
Då frid och oskuld mest hjärtat äger
till dess förståndet utvecklats har
Då börjar striden ty det ingivit
Är av naturen en längtan stor
Att här får klarhet om efterlivet
Man hem får hos den i himlen bor

---

[6] **Förf.anm:** "Som vi alla känner är det största av allt för
människan det som vi kan kalla evighetsproblemet. Har
många gånger åhört egna deklarationer i nämnda område, och
är dikten en sammanfattning av det hela."

Jag som så mången for ut i världen
att söka näring till detta liv
Nu snart så mötte mig syndaflärden
Som sade hos mig nu trygg förbliv
Och jag så mycket som stod att finna
Nu tänkte nöjsamt mitt liv förströ
Men inom mig tycktes nån påminna
Nu dig besinna; du kan snart dö

Det någon gång kom sig ock att hända
Att jag besökte ett bönehus
Där som de vittnen av Gud utsända
Klart sökte skildra hans kärleksljus
Men inom mig tycktes blott ljuda
Hör ej på dessa, de galna är
Sök du det världen här har att bjuda
Så gör det samma vart än det bär

Till mig de sade, bäst synden lämna
Med tid än finns, ty snart inom kort
Kan både himmel och jorden rämna
Därför av vikt att ej slösa bort
den tid oss given är att beredas
För evigheten, och tänk därpå
Bäst är av Jesus sig låta ledas
Han visar vägen som man skall gå

Men mina vänner mig högt uppskatta
Därför jag sökte få hån av allt
Ja, utav det som jag även fatta
Att vara sant, men allting blev kallt
Då uti nöjen jag sökte dölja
den eftertanke som mången gång
Uti mitt samvete syntes följa
Men var jag vandra var tiden lång

Men kom en fara i hast för livet
Då mot min vilja flög fram ett ord
till den som tydligt det står beskrivit
att man skall följa på denna jord
Men fick blott faran från mig försvinna
Då skämdes jag att jag var så svag
I fantasin jag tycktes finna
Den tanken som blott var obehag

Och om en motgång mig kom att möta
Då mitt humör genast brusa upp
Jag ej då tänkte att här sig stöta
på syndens bana uti dess lopp
En lycka är ty man skall besinna
Att motgång ofta ett medel är
Som sporrar kraften att friden finna
Som blott kan givas av Jesus kär

Jag mången afton gick till min vila
Och tyckte jag ej var tillfredsställd
Jag fann till någon jag skulle ila
Men ej en tanke av mig blev fälld
Uti min åsikt till mina vänner
Ty de då drivit blott gäck med mig
Jag trodde väl den som Gud bekänner
Kan knappt få trampa en jordisk stig

För mig så eget det var att finna
att de som tillhör en hednavärld
Utav naturen här är så sinna
Att de uppå denna korta färd
Tillbedja vill något som de tänka
Skall hjälpa dem i all evighet
Och efter döden dem allting skänka
Som de tro tillhör all lycklighet

Uppå de nöjen som kom att hända
Så var det alltid min högsta skatt
Till simpla upptåg min tillflykt vända
Som ofta skördade mycken skratt
Men alltid tycktes den tanken följa
att någon ville mig ha att tro
Jag lik ett spån uppå havets bölja
behövde ankra för att få ro

Jag med mig själv börjar överväga
Hur sinnrikt allting inrättat är
På denna jord så man ej kan säga
Att av sig självt allt tillkommit här
Jag fann jag hade en samvetsvaka
Som aldrig lämnar en någon ro
För än man världens fröjd vill försaka
Och helt och hållet på Jesu tro

Försök att bedja, samvetet säger
Men även ljöd ock en annan röst
En syndabörda så stor du äger
Så du kan aldrig få nåd och tröst
Men ångerns kval börjar sig att höja
Och så jag börjar åkalla Gud
Men blott jag fick ned till bön mig böja
Jag tycktes höra ett fridfullt ljud

Till mig det sade, nu har du börja
åkalla Jesus, ej höves mer
För dina synder han nog skall sörja
så du aldrig dem återser
Min tårekälla då börjar rinna
Så hänryckt lycklig jag blev den stund
Jag fann att syndens förlossning finna
Med ords utsägning ej får full grund

I ord jag icke mig kan uttrycka
Hur lätt det blivit uti mitt bröst
Bed Jesus att dig från synden rycka
Så får du erfara samma tröst
Om du ett samvete vaket äger
Som jag är viss på att många har
Bed Jesus och han förlåtit säger
Och himlens sällhet för dig står klar

Till sist från djupet av mitt hjärta
Jag tackar Gud för den nåd så stor
Han har borttagit min synd, min smärta
Jag trygg kan fara hem där han bor
Förlåt, min Jesus, vad jag kan fela
Härefter på denna vandring kort
Så syndasåren blir alla hela
Tills du en gång tager livet bort

Nykterhetssång

Nu här är aftonstunden
Vi åter samlats här
För att bevara grunden
Som striden här uppbär
Förhoppning fröjd i hågen
Vårt mål framåt blott är
Om upprörd bliver vågen
Till land det då snart bär

Vi får nu oss ej fästa
Om här det åtgår tid
Att verka för vår nästa
O, fäst dig ej därvid
Det finns så många, många
Som tyst bredvid dig står
Vill med i glädjen gånga
Då frigjort hjärtat slår

Mång fallna för sig själva
Här harmas för var dag
Att skydd ska så omvälva
En usel dryckeslag
De arma kan ej sköta
sitt starkaste begär

Vid glaset de vill möta
sin tid, de fångna är

Mång moder kanske säger
Med rätt till sonen sin
Så länge jag dig äger
Här ut i makten min
Jag söka skall dig skydda
Från falska vänners lag
Du lämnar snart min hydda
Var då på vakt var dag

Så några år förflutit
Han kommer hem en dag
Kanhända han då njutit
I glada vänners lag

All hans förtjänst förvärvad
På krogen han bortflytt
Och hjärtats frid fördärvad
I ofrid är förbytt

Det honom också hände
Det hänt så mången gång
Att vart han än sig vände
Så bjöd det samma sång
Nu skall du styv ock vara

Du blir så glad och sund
Om du ett glas tar bara
Det har i sanning grund

Mång faders barn – än händer
har ropat efter bröd
Och i sin blick sig vänder
Till modern, husets stöd
För att sig övertyga
att far på krogen är
När hem han kom de blyga
Sig skyddar här och där

För hör, du man och man kvinna
Som ej så gammal är
Kanhända du skall finna
Den sak som du har kär
På ålderdomens dagar
Med seger bliver lönt
Ju fler en sak behagar
Dess förr med seger krönt

Så kan du också tänka
Jag haver varit med
Nationens skam att sänka
I avgrundsdjupet ned
Då skall du också finna

Vårt mål det rätta var
Det må envar besinna
Som ljusa tankar har

Hör du som ej begagnat
Här någon falsker dryck
Och sålunda ej hamnat
I något armt förtryck
Hör ej på dina vänner
Om de än säga dig
Du saken icke känner
Var en får sköta sig

Läs detta, och begrunda
Om det ej sanning är
Och tiden skall snart stunda
Då du har saken kär
Det hoppas jag och tänker
Att det skall hava grund
Då jag nu pennan sänker
Att vila ut en stund

Sång

Jag är ett litet barn
Som frälsts från syndens garn
Har blivit av min Jesus
Som älskar alla barn

Därför jag sjunger här
Blott om min Jesus kär
Tills han med frälsarhanden
Mig för hem där han är

Vad kan jag önska mer
än blott jag honom ber
Så frigör han från synden
I tanken mot mig ler

Ack, huru ljuvt och gott
O, vilket ljuvlig lott
Få lämna åt min Jesus
allt, både stort och smått

Fast synd mig rasar kring
Ja, det gör ingenting
Ty trygg jag är hos Jesus
Ibland hans barnaring

Jag var nog syndavskum
Men jag förblir ej stum
Jag bad så till min Jesus
Som mig bereda rum

Mot syndens falska sot
Hos Jesus fann jag bot
Av tacksamhet jag sjunger
För det han tog mig mot

När ondskan möter mig
Uppå min vandringsstig
Jag vill då se på Jesus
Tills han tar mig till sig

Sång (diktad 17 juli 1899)

Vi vilja nu lovsjunga
Vår Gud i himmelen
Stäm upp båd' gamla, unga
Till sång allt för den vän
Som haver oss här kallat
Tillsammans denna stund
En skara som har hamnat
På Jesu fasta grund

Vi skall nu anbefalla
All svaghet till vår Gud
Som haver sagt till alla
Du lyda skall de bud
Som jag dig haver givit
Blott vid mig fast förbliv
Så får du, som står skrivit
Ett evigt saligt liv

Härmed vi av allt hjärta
Vill tacka för allt gott
Vi lämna får all smärta
I både stort och smått
Till den som sig har givit
I döden för vår skull

Det står så tydligt skrivit
O! tänk så kärleksfull

Tillkännagiv den fröjden
Med både tal och sång
Som Jesus uti höjden
Oss skänker varje gång
En motgång synes möta
På denna vandring kort
Ty vi oss ej kan stöta
Han tar sin hand ej bort

Ej någon kan utsäga
Med ord den friden stor
Som alla här få äga
Som uppå Jesus tror
Nog mången finns som säger
Ej någon har klarhet
Om han Guds nåd här äger
Men jag är viss på det

Stå fast i alla strider
Bed Jesus bli din vakt
Ej knota om du lider
Tänk blott gud har all makt
Att taga bort all smärta
Vi tusenfallt blir lönt

Då striden i vårt hjärta
Med seger bliver krönt

Vi skall ock ingalunda
Med tankar eller ord
Här onödigt begrunda
Vad Gud tillställt på jord
En del förborgat finna
Vi, så är meningen
Klart få vi då vi hinna
Till Gud i himmelen

Ej kan vi säga orden
Jag fri från synd är här
Ty ingen finns på jorden
Som fri från synden är
Den Jesus vill åkalla
Han får sin synd bortförd
Därför deltar vi alla
I bön till vittnesbörd

Sång

O, kom herre Jesus förbarma
dig över vårt jordiska liv
Och hjälp oss här nu stackars arma
från synden och världenes kiv

Det kännes så lätt i vårt hjärta
När Jesus har kommit till oss
Han tager bort sorger och smärta
Han lyser med himmelska bloss

Han lyser med ljuset så klara
Att vi rätta vägen kan gå
Till dess vi en gång sen skall fara
Till hemmet det rätta vi få

Tänk här på i alla som vandra
Ännu på den jordiska stig
Ej vetande var ni skall hamna
När en gång ni mister ert liv

Vänd om medan ni än kan hinna
Och lättnad ni får i ert bröst
Och ni med det samma skall finna
Stor glädje all sällhet och tröst

INNEHÅLL